3 4 5 12 11 10

Redaktion: Antje Haubner
Layout und Herstellung: Karin Kröll und Constanze Hinz
Druck: Himmer AG, Augsburg
ISBN 978-3-551-68464-6
Printed in Germany

Warum Katzen besser sind als Männer

Idee: Olivia Vieweg, Michael Möller
Illustration und Text: Olivia Vieweg

CARLSEN

Katzen können stundenlang zuhören und
tun so, als verstünden sie.

Katzen geben sich auch mit einfachen Dingen zufrieden.

Katzen bekommen auch bei massivem
Haarausfall keine Glatze.

Katzen pinkeln immer im Sitzen.

Katzen plündern nicht heimlich
den Kühlschrank.

Katzen bleiben bis ins hohe Alter sportlich.

Katzen wollen im Bett tatsächlich
nur schmusen.

Katzen lassen ihre Wut nicht an anderen aus.

Katzen bleiben entspannt, auch wenn
Deutschland gerade verliert.

FCC

Katzen kommen ohne Entertainment-
programm übers Wochenende.

Katzen teilen immer deinen
Musikgeschmack.

DEEP DARK 6

Katzen kann man kastrieren, falls es einem
zu viel werden sollte.

Katzen haben einen angeborenen
Reinlichkeitssinn.

Katzen können sich jeden Tag ein
neues Auto leisten.

J:OY·88

Katzen haben keine Bindungsängste.

Katzen haben nichts gegen deine Kochkünste.

Hi

Katzen finden grundsätzlich alles
toll was du kaufst.

Katzen kann man auch mal zwei Tage alleine lassen,
ohne in ein Chaos zurückzukehren.

Und das Beste ist … Katzen sind nicht nachtragend,
egal wie unfair man gewesen ist.

VOM EMO-CARTOONISTEN FLIX.

Flix
VERLIEBT!
HC mit Spotlackierung | farbig
64 Seiten | 9,95 €

Olivia Vieweg

Warum Katzen die glücklicheren Menschen sind

HC | farbig | 48 Seiten | 7,95 €

Erscheint im Juli 2010